52 CLÉS POUR AMÉLIORER L'ESTIME DE SOI

Jerry Minchinton

52 clés
pour améliorer l'estime de soi

Traduit de l'anglais (États-Unis)
par Roselyne Borksztein

7-13, boulevard Paul-Émile-Victor - Île de la Jatte
92521 Neuilly-sur-Seine Cedex

À PROPOS DE L'ESTIME DE SOI

Qu'est-ce que l'estime de soi ? Le fait d'aimer qui l'on est et de croire que l'on mérite les bonnes choses de la vie autant que quiconque.

L'estime de soi est-elle importante ? Oui, elle est essentielle. Elle joue un rôle prépondérant dans tous les aspects de l'existence. Ce qui inclut vos relations, votre confiance en vous, le choix d'une carrière, le bien-être, un esprit en paix, et même tous vos succès.

Comment peut-on perdre l'estime de soi ou la voir décliner ? Eh bien, il arrive que des expériences malheureuses nous renvoient une image négative de nous-même. À tel point que l'on en vient à adhérer à l'une de ces trois idées fausses, voire aux trois à la fois, à des degrés différents :

1. Nous sommes des victimes impuissantes sans droit de regard sur ce qui nous arrive.

2. Nous sommes incompétents et ne sommes pas à la hauteur.

3. Il y a quelque chose de foncièrement « mauvais » en nous.

Regagner l'estime de soi ne relève pas d'un processus mystérieux. Plus que tout autre chose, il s'agit de corriger l'idée que vous vous faites de vous-même. Pour cela, apprenez à vous débarrasser de ces postulats erronés en reprenant le contrôle de votre vie et en ayant conscience de vos qualités personnelles comme du sens inné de votre valeur.

Vos efforts porteront leurs fruits sans attendre : vous aurez plus d'assurance en société, vos relations familiales ou amoureuses seront plus satisfaisantes et vous jouirez davantage de la vie. C'est le constat de votre nouvelle image qui sera votre plus belle récompense. Vos progrès auront fait de vous une personne bien plus heureuse.

Comment utiliser ce livre

Il y a plusieurs façons d'aborder les idées que vous trouverez dans cet ouvrage. Vous pouvez les prendre une à une dans l'ordre, à raison d'une par semaine pendant une année ; en choisir une au hasard à laquelle vous vous intéresserez ce jour-là ou une plus spécifique en rapport avec une situation particulière. Si vous recherchez une thématique précise, reportez-vous à la table des matières. Étant donné que chaque chapitre est indépendant des autres, vous pouvez consulter ce livre même en l'ouvrant à n'importe quelle page.

Aussi simples que soient certaines de ces suggestions, elles sont en mesure d'apporter une amélioration significative dans votre vie. Alors, si vous désirez vraiment requinquer votre estime de vous-même, ne vous contentez pas simplement de les lire : prenez le temps de penser à ces propositions et à les mettre en pratique au quotidien. Comme vous le constaterez, chaque proposition est introduite par une « Phrase clé » qui en résume l'idée principale. À vous de considérer ces pensées comme des sujets à méditer ou comme des affirmations qui imprègnent votre subconscient.

Libre à vous de ne pas aimer ou de désapprouver une partie de ce que vous lirez. Vous n'êtes pas le seul, car beaucoup d'entre nous préféreraient ignorer ou faire comme si certaines allégations étaient fausses. Si je me réfère à ma propre expérience, les leçons les plus difficiles ont toujours été celles que je ne voulais pas retenir. Ce n'est pas cela qui les rendait moins justes, mais j'ai continué à me les répéter jusqu'à ce que je sois forcé d'accepter leur enseignement.

Une dernière mise en garde : avant d'appliquer les idées de cet ouvrage, je vous suggère de bien réfléchir à la façon dont elles peuvent modifier le cours de votre vie. Même les outils les plus utiles peuvent se révéler dangereux, si on les manie mal ou si l'on n'a pas mesuré les conséquences de ces actes.

Jerry MINCHINTON

52 clés

pour améliorer l'estime de soi

Lorsque je commets
une erreur, être indulgent
envers moi-même m'aidera
à éviter de recommencer

1

Soyez indulgent avec vous-même lorsque vous commettez des erreurs

Si, à la moindre faute, vous avez tendance à vous traiter de tous les noms et à vous considérer comme un imbécile, prenez garde : cela aura pour effet de vous conforter dans la conviction de faire toujours le mauvais choix, de vous rendre plus craintif, et d'augmenter le risque de commettre de nouvelles erreurs.

En revanche, si vous êtes indulgent avec vous-même, vous vous sentirez moins stressé et plus enclin à opérer le bon choix. De plus, en refusant de vous morfondre sur vos funestes décisions, vous parviendrez à mieux les comprendre afin d'éviter qu'elles se reproduisent.

Les résolutions malheureuses ne sont jamais intentionnelles ; personne n'aurait l'idée d'écrire en exergue dans son agenda : « Je suis nul. » Chaque fois que vous faites un impair, souvenez-vous que chacun en commet et que *tous*, quelle que soit leur importance, sont pardonnables.

Ce à quoi je pense le plus
devient prédominant.

2

CONCENTREZ-VOUS SUR VOS POINTS FORTS ET VOS RÉUSSITES

Il est tacitement admis que tout ce sur quoi on se concentre s'accentue. Si l'on se focalise sur les qualités d'une personne, elles s'amplifieront. Si l'on cherche les erreurs, on en trouvera toujours. Si l'on prête souvent attention à ses qualités physiques et morales et aux événements heureux de sa vie, ils deviendront prépondérants.

Rien ne m'oblige à accomplir
une tâche sauf si elle relève
uniquement de ma
responsabilité.

3

Apprenez à dire « non »

Certaines personnes n'ont aucun scrupule à essayer de vous convaincre de faire ce qu'elles désirent même contre votre gré. Si malgré tout vous obtempérez, vous vous sentirez amer, en colère et persécuté.

Les excuses diplomatiques pour échapper à de telles situations sont rarement couronnées de succès : les manipulateurs sont souvent experts dans l'art de contrer les plus subtiles tentatives d'esquive. La meilleure solution est encore la plus simple. Il suffit de répondre : « Je ne veux pas. »

Non seulement vous vous autorisez à dire « non » à ces gens-là, mais de plus vous évitez de vous justifier. Puisqu'ils n'ont aucun état d'âme à vouloir abuser de vous, n'ayez aucun scrupule en refusant de vous soumettre.

Je refuse de me sentir mal
dans ma peau uniquement
pour que l'autre se sente
mieux dans la sienne.

4

Rejetez avec indifférence toute remarque désobligeante

Qu'on le veuille ou non, on rencontre toujours des gens qui essaient de vous rabaisser par des critiques acerbes plus ou moins directes. Selon l'expression populaire, de tels individus sont plus à plaindre qu'à blâmer.

Ces mauvais bougres n'auront de cesse de vous humilier et de vous mettre mal à l'aise, surtout s'ils vous considèrent comme une cible facile. Ils agissent ainsi dans l'espoir de vous attirer dans leur jeu et par là, de renforcer leur sentiment de supériorité – une manière de contourner leur propre problème d'estime de soi. Si vous réagissez à leurs sarcasmes avec colère ou embarras, vous allez exactement dans le sens qu'ils souhaitaient : *leur* opinion qu'ils ont de vous compte plus que celle que vous avez de vous-même.

Tant que vous ne serez pas sûr de vous, évitez autant que possible ce type de personnages. Mais si d'aventure vous deviez en croiser un, ne tombez surtout pas dans leur piège : n'essayez pas de trouver une parade intelligente. Adressez-leur un simple sourire et restez silencieux. Sinon, répondez-leur par un « Ah, bon ! » anodin tout en continuant de vaquer à vos occupations. Rien ne justifie de se laisser abaisser dans son estime de soi juste pour faire valoir momentanément celle de votre interlocuteur.

Les succès et les mérites des autres ne les rendent pas plus dignes de respect que moi.

5

CONSIDÉREZ CHACUN COMME VOTRE ÉGAL

On nous élève dans l'idée que l'on doit respecter certaines personnes. On nous a inculqué l'idée que le savoir, les diplômes, les titres, le statut social, la santé et autres distinctions, font de leurs détenteurs des êtres supérieurs qui méritent une admiration et une attention particulières.

S'il est vrai que, de par leurs attributs, ils sont *différents* de vous, ils ne sont pas pour autant *meilleurs*. Les critères arbitraires et artificiels en fonction desquels on accorde respect et honneur ne sont absolument pas fondés. C'est comme si avoir un grand nez et de longues jambes faisait de vous quelqu'un de plus recommandable que votre voisin.

Toute erreur est riche d'enseignements.

6

Sachez apprécier vos erreurs et en tirer les leçons

Si, dès la naissance, chacun d'entre nous recevait un manuel intitulé *Tout ce que vous avez besoin de savoir pour éviter les erreurs,* tout irait pour le mieux dans le meilleur des mondes. Malheureusement ce livre n'existe pas encore et il nous arrive d'en commettre un certain nombre dont nous ne sommes pas toujours très fiers. Résultat : on se lamente et l'on rumine. L'essentiel nous échappe : très souvent, ces fautes servent de leçon.

À condition d'en tirer parti, vos erreurs représentent de précieuses sources d'enseignements. L'analyse de leurs causes vous permet de prévenir les mauvaises réactions et vous rapproche d'une attitude plus judicieuse. Si vous vous accordez le droit à l'erreur, vous en serez récompensé. Vous verrez augmenter le champ de vos compétences, et accroître de façon significative vos chances de réussite.

Mon bonheur est
entre mes mains.

7

FAITES DU BONHEUR UNE HABITUDE

Votre aptitude au bonheur dépend en grande partie de votre rapport à la vie : être heureux est un état d'esprit spontané et permanent, contrairement à la bonne humeur qui est engendrée par un événement joyeux.

Voici donc une excellente nouvelle : avec de la pratique, vous pouvez amplifier votre sentiment de bien-être ! Faites-en l'expérience : cinq minutes par jour, décrétez que vous êtes heureux sans raison, juste pour le plaisir.

Pour y parvenir, souvenez-vous des grandes joies de votre existence et des sensations que vous éprouviez alors, puis efforcez-vous de les retrouver. Si vous vous y astreignez régulièrement, vous verrez que l'on peut se sentir bien à tout moment, un peu plus longtemps et plus souvent chaque jour.

Il en va du bonheur comme de l'estime de soi : il est de notre propre ressort. Bien sûr, nos proches peuvent y contribuer, mais au bout du compte, il ne dépend que de nous.

Je suis digne d'intérêt,
que j'aie tort ou raison.

8

Acceptez d'avoir tort avec sérénité

Beaucoup d'entre nous admettent leurs torts à contrecœur. Cette réticence s'explique en partie par la crainte d'aggraver notre cas ou de jeter de l'huile sur le feu. Mais elle provient aussi de ce que, dans notre esprit, le fait de se tromper s'accompagne de culpabilité et de honte, et qu'il ne nous reste qu'à démontrer aux yeux de tous que nous sommes infaillibles pour être à l'abri.

Or, cet a priori est sans fondement. Personne n'a jamais été éliminé de la planète pour avoir fait fausse route. Que vous ayez tort ou raison occasionnellement ne vous rendra pas pire ou meilleur que vos congénères. Donc, si vous êtes dans l'erreur, admettez-le. Vous n'êtes pas obligé d'avoir toujours raison.

Les méprises ne font pas de vous un être médiocre, mais simplement un être humain. Les reconnaître de plein gré est un signe de maturité et la marque d'une estime de soi équilibrée.

Je m'estime plus
en cessant de me fustiger.

9

CESSEZ DE PESTER CONTRE VOUS-MÊME

Restez toujours positif dans la manière de vous adresser des réprimandes. Si vous constatez que vous êtes en pleine autocritique, quelle qu'en soit la raison, arrêtez ! Comme tout le monde, vous êtes souvent obligé d'admettre que vous ne pouvez atteindre la perfection. Mais à quoi bon insister ? Éliminez de vos pensées et paroles les mots tels que « nul », « idiot », « étourdi », « stupide ». Et profitez de ce ménage verbal pour vous débarrasser de termes peu flatteurs comme « gros tas », « maladroit », « affreux ».

En utilisant toutes ces invectives, vous mettez en relief vos carences et ignorez injustement vos points forts. Il y a toujours des gens prêts à vous critiquer. Alors, pourquoi ajouter votre voix au chœur des persifleurs ?

Je mérite un emploi qui
me procure du plaisir.

10

Trouvez un emploi qui vous convient

Accomplir un travail déplaisant s'apparente à une punition. Quand vous n'aimez pas votre emploi, sans doute avez-vous du mal à vous lever et encore plus à vous y atteler toute la journée. Et au lieu de prendre du plaisir à la besogne, vous essayez de vous évader en songeant aux prochaines vacances, au week-end qui se profile ou à la paye en fin de mois.

Pourquoi vous condamner définitivement à ce calvaire ? Si votre job ne vous convient pas, cherchez-en un autre ! Il n'y a aucune raison de passer votre vie à faire quelque chose de désagréable. Il se peut que vous ne puissiez pas envisager immédiatement ce changement en raison de responsabilités familiales ou de problèmes financiers, mais rien ne vous empêche de préparer l'avenir.

Comment s'y prendre ? Pour commencer, décidez de faire tout ce qui est nécessaire pour aller dans la bonne direction. Fixez-vous un objectif et mettez en place un ensemble de projets réalisables étape par étape.

Lorsque votre travail vous procure du plaisir, tout le monde y gagne, y compris les clients, qui profitent d'un produit ou d'un service de bonne qualité.

Dans la mesure où j'accorde
de l'importance à l'image
que je projette, elle n'en sera
que meilleure si je l'oublie
et lâche prise.

11

Ne vous préoccupez pas de l'impression que vous donnez

N'oubliez pas : chaque fois que vous vous demandez ce que les gens pensent de vous, ils s'interrogent probablement sur l'idée que vous vous faites d'eux.

Tel que je suis,
je me considère tout à fait
acceptable et estimable.

12

Acceptez-vous sans condition – dès aujourd'hui

Nous jouons souvent au jeu des « si ». « Je serais meilleur *si* j'arrêtais de faire ça, ou *si* je commençais à faire autre chose » ou, « je deviendrais plus digne d'intérêt *si* je possédais ceci ». Tous ces « si » indiquent que nous n'allons pas très bien à un moment donné. Nous remettons indéfiniment le fait de nous accepter et entretenons un sentiment permanent de médiocrité.

En réalité, vous n'avez rien à modifier : vous êtes bien tel quel. Vous avez toujours été et serez toujours une personne respectable à tous égards.

Pour être plus précis, vous devriez vous dire ceci : « En tant qu'être humain, je suis en progression constante. Je fais tout mon possible cette fois-ci et, dès que j'en serai capable, je ferai encore mieux. »

Ma valeur en tant
qu'être humain me donne
le droit d'espérer le meilleur
de la vie.

13

Vous méritez mieux que ce que vous croyez

Êtes-vous satisfait de la qualité de votre vie, de votre travail, de vos relations, de votre foyer ? Si ce n'est pas le cas, vous pouvez en changer.

Le plus souvent, nous ne sommes pas là où nous sommes par hasard. Inconsciemment, le niveau de notre estime de soi nous entraîne vers un certain type de relations et de situations que nous *pensons mériter,* ce qui peut être tout à fait différent de ce que nous *désirons* consciemment. C'est pourquoi les gens qui ont une bonne opinion d'eux-mêmes attendent et reçoivent généralement respect, coopération et bienveillance de la part des autres. Alors que ceux qui se sous-estiment se voient souvent entraînés dans des situations inconfortables, déplaisantes, voire offensantes.

Comment provoquer un changement positif dans votre vie ? En vous focalisant sur la façon d'améliorer votre estime de soi. Votre conception du bonheur en sera renforcée. Si vous êtes vraiment convaincu de mériter une plus grande félicité, vous n'hésiterez pas à recourir aux mesures nécessaires et légitimes pour l'atteindre.

Plus j'accorde de l'importance
à l'opinion des autres,
moins j'ai la liberté de vivre
selon mes propres choix.

14

Recouvrez la liberté

Bon nombre d'entre nous ont appris à accorder une importance exagérée à l'opinion d'autrui. Que de fois avons-nous entendu nos parents ou d'autres figures d'autorité répéter en boucle : « Que vont dire les gens ? » Ce qui nous laissait croire que le jugement de ces « gens » était primordial.

Quelles en sont les conséquences sur notre comportement ? En accordant trop de valeur à l'appréciation des autres, nous en arrivons à vivre pour eux plutôt que pour nous-mêmes. Nous nous plions à leurs normes, pas aux nôtres. Nous espérons les contenter eux, au lieu d'agir à notre guise. Plus on attache d'importance à ces opinions extérieures, moins on est libre de dire, faire, voire penser comme on le souhaite. Pire : on en arrive à se considérer comme un être humain de second plan.

Je dois m'octroyer
chaque jour un moment
strictement personnel.

15

Accordez-vous chaque jour une parenthèse de plaisir

Chaque jour, prenez rendez-vous avec vous-même. Isolez-vous au moins une demi-heure, dans l'unique but de vous octroyer du plaisir. Celui-ci ne doit pas être nécessairement spectaculaire ou onéreux. Il peut simplement s'agir de lire un chapitre de roman, d'écrire un poème, de déguster l'un de vos plats favoris ou tout bêtement de ne rien faire. Peu importe l'activité, dès lors qu'elle vous procure une réelle satisfaction.

Lorsqu'on est submergé par son travail, sa famille ou ses amis, négliger ses propres aspirations est d'une facilité déconcertante. C'est en vous réservant chaque jour un moment privé que vous vous rappellerez que vous existez et que vos besoins et désirs sont aussi légitimes que ceux des autres.

Si je veux quelque chose,
il me faudra le mériter d'une
manière ou d'une autre.

16

SOYEZ PRÊT À VOUS INVESTIR DANS VOS DÉSIRS

Vous arrive-t-il d'élaborer des plans minutieux en vue de réalisations futures, puis de vous sentir malheureux ou déçu quand ils n'aboutissent pas ? Si c'est le cas, il manque probablement à vos projets un élément essentiel.

S'il demeure important de rêver, de penser à l'avenir, peu de chose se produisent uniquement parce que vous le voulez. Il faut davantage que des souhaits et des espoirs pour transformer ses désirs en réalités. Vous aspirez véritablement à atteindre un objectif particulier ? Vous mettrez toutes les chances de réussite de votre côté en investissant une partie substantielle de votre énergie personnelle.

Mes propres attentes
doivent rester prioritaires.

17

DEMANDEZ-VOUS CE QUI POUSSE LES GENS À VOUS DIRE QUE VOUS LES AVEZ GRAVEMENT BLESSÉS

Quelquefois, les gens attendent de vous un comportement assez peu vraisemblable, et si vous ne vous conformez pas à leurs desiderata, ils vous font savoir que vous les avez blessés. Ils vous accusent de légèreté, de manque de considération ou de méchanceté délibérée.

Si vous entrez dans leur jeu, vous mettez à leur disposition un moyen de pression redoutable chaque fois que vous éloignez de *leur* droit chemin. En se posant en victimes, ils essaient de *vous* culpabiliser. Leur intention est de vous mettre si mal à l'aise que vous devrez changer l'ordre de vos priorités, pour agir selon leur convenance. Si vous vous sentez confus et vous répandez en excuses, ils ont gagné. Ce qui signifie qu'à l'avenir vous ne vivrez plus qu'en fonction de leurs caprices.

Qui a le droit d'exiger de vous un comportement différent de celui que vous avez choisi ? À moins d'avoir passé un accord avec les autres ou de leur avoir laissé entendre qu'ils ont un droit de regard sur votre conduite, la réponse est : PERSONNE. Aucun individu ne devrait attendre de vous autre chose qu'une attitude agréable, courtoise, non agressive. Il n'y a pas de raison valable de négliger ses priorités uniquement pour satisfaire les autres.

D'une façon générale, je ne dois pas prendre l'opinion des autres sur moi au pied de la lettre.

18

L'OPINION QUE VOUS AVEZ DE VOUS-MÊME DOIT ÊTRE PRÉPONDÉRANTE

Nous avons tendance à surévaluer l'opinion des gens sur nous, et de prendre trop à cœur leurs commentaires peu flatteurs. C'est comme si nous pensions que leur appréciation de notre caractère, conduite ou personnalité, était importante et entièrement exacte. Mais de quel droit prétendent-ils que leur jugement sur nous est si proche de la vérité ?

C'est parce que ces personnes se basent sur leurs propres échelles de valeurs plutôt que sur les vôtres, si bien que l'idée qu'elles se font de vous a plus de chance d'être fausse que vraie. En considérant le peu de connaissances qu'elles possèdent de votre vécu et de vos expériences, comment peuvent-elles savoir ce que vous êtes et comprendre pourquoi vous vous comportez de la sorte ? Tout ce dont elles sont capables, c'est de vous juger comme elles l'auraient fait pour elles-mêmes dans pareilles circonstances.

Gardez bien en mémoire ceci : presque toujours, l'idée que les autres se font de vous est inexacte. Sauf si leurs sentiments peuvent avoir un impact substantiel sur votre bien-être ou vos moyens d'existence, il n'y a pas ou peu de raisons d'y prêter attention.

Je me sens plus heureux en
chassant mes idées noires.

19

Soyez 100 % positif un jour par semaine

Avez-vous tendance à vous apitoyer sur votre sort quand les choses ne vont pas comme vous aimeriez ? Avez-vous remarqué que cela ne changeait rien ?

Le fait de se lamenter peut sembler justifié, mais il n'aura pour effet que d'assombrir encore plus la situation : vous ne faites que vous rendre malheureux et renforcer votre statut de victime. (« Pourquoi ces choses-là n'arrivent qu'à moi ? ») Séchez vos larmes et tâchez d'agir sur le cours des événements : c'est beaucoup plus productif.

Sélectionnez un jour par semaine pour contrecarrer cette habitude. Et ce jour-là, quoi qu'il arrive, rien ne devra être le sujet de plainte ou de critique. Si vous vous surprenez à nourrir des pensées pessimistes, au lieu de les ressasser, branchez-vous immédiatement sur un sujet plaisant.

Cela peut demander un certain apprentissage, et si vous êtes un râleur coriace, vous devrez probablement commencer par de courtes phases de désintoxication. Mais une fois que vous aurez appris, même brièvement, à chasser les idées noires, vous serez étonné de constater à quel point votre vie devient plus heureuse et agréable.

Les autres ont de bonnes
raisons de se conduire
différemment de moi.

20

Admettez que les gens sont différents de vous

On a tendance à supposer que, dans une situation donnée, son voisin saurait mieux tirer que soi-même son épingle du jeu ou régler un problème délicat. Quand, dans les faits, ledit voisin déroge à l'idée qu'on se faisait de lui, on se sent floué, amer, voire déçu.

À moins de très bien connaître vos interlocuteurs, ne présumez pas de leurs réactions : vous avez autant de chances de vous tromper que d'avoir raison. Le comportement de chacun est fondé sur la combinaison unique de son hérédité, de son milieu socioculturel, et de son expérience de la vie. C'est cette singularité qui rend parfois incompréhensibles à vos yeux les agissements de vos congénères ; inversement, les vôtres risquent d'être mal perçues par ceux-ci.

Il est judicieux de toujours me
fixer des critères réalistes en
fonction de mes capacités.

21

DÉTERMINEZ VOTRE PROPRE DÉFINITION DE LA PERFECTION

Les perfectionnistes ne sont pas des gens heureux. Ils fournissent un surcroît de travail, persuadés que personne d'autre n'est capable de faire aussi bien qu'eux. Ils se tourmentent dès qu'ils ont des décisions à prendre. Et comme ils sont à l'affût de la moindre erreur, ils en trouvent forcément des foules. Le plus grave, c'est que leur idéal de perfection vise à amender leur soi-disant nature imparfaite, ce qui implique qu'ils se perçoivent rarement comme des individus exceptionnels.

À chaque tâche correspond un niveau de perfection approprié. La neurochirurgie, par exemple, exige plus de précision que tondre une pelouse. Encore faut-il déterminer *à l'avance* jusqu'où une chose peut être considérée comme bien faite. Ces critères étant fixés, vous pouvez leur accorder toute l'attention qu'ils requièrent.

En ce qui vous concerne, et dans la limite de vos possibilités, votre objectif ne devrait pas être de tout *faire* à la perfection, mais d'admettre que vous n'y êtes pas *obligé*.

Je n'ai pas à changer
pour que les autres m'aiment.

22

Résistez à l'envie de changer pour que les autres vous aiment

Parfois, sans savoir trop pourquoi, les gens nous signifient de manière évidente qu'ils ne nous aiment pas. Aussi nous sentons-nous pris en défaut et nous demandons comment arranger les choses. Et revient l'éternelle question : « Qu'est-ce que j'ai fait de mal ? »

Demandez-vous plutôt : « Pourquoi est-ce à *moi* d'accepter de changer si quelqu'un ne m'aime pas ? » Face à ceux qui ne vous portent pas dans leur cœur, inutile de vous métamorphoser afin qu'ils vous apprécient plus : il n'est ni possible ni nécessaire de plaire à tout le monde.

Quel que soit votre désir de vous corriger pour séduire, il se trouvera toujours quelqu'un pour vous trouver antipathique. Ce n'est pas *vous* qui avez des problèmes, ce sont les *autres*.

Puisque je suis unique,
pourquoi me comparer à
quelqu'un d'autre ?

23

NE VOUS COMPARAZ À PERSONNE

En vous comparant aux autres, vous éprouverez soit de l'insatisfaction, soit un sentiment factice de supériorité. Dans les deux cas, vous n'aurez pas une image réaliste de vous-même.

Lorsque vous vous mesurez aux autres, vous estimez systématiquement que certains vous sont supérieurs et d'autres inférieurs. Résultat : vous vous réjouissez parce que vous êtes meilleur que les seconds mais vous ragez de ne pas être aussi extraordinaires que les premiers. Puisque, au bout du compte, la comparaison vous plonge dans un sentiment d'inadéquation, vous vous épargneriez bien des efforts en évitant ces tergiversations inutiles.

Ce genre de confrontation n'est jamais valable, parce que tous les individus, vous y compris, sont uniques, avec leurs forces, faiblesses, talents et compétences propres. Votre hérédité, votre culture, votre expérience et votre intelligence font de vous un être différent des autres. Ce n'est ni bien ni mal, c'est un fait.

Ce que je suis ne me rend
ni pire ni meilleur que
quiconque.

24

Être différent ne doit pas vous perturber

Il nous arrive de rencontrer des gens qui veulent nous persuader que nous ne sommes pas digne d'intérêt. Parce que nous nous distinguons d'eux à certains égards, ils nous accordent peu d'importance. Ces différences « majeures » peuvent résider dans notre aspect physique ou notre façon d'agir, nos opinions, religion, couleur de peau, origines familiales, race, orientation sexuelles, revenus, hérédité ou encore bien d'autres critères « négatifs ».

Pourquoi ces considérations navrantes ? À force de se convaincre qu'ils sont meilleurs que d'autres, les gens se valorisent de façon artificielle. En créant des catégories d'individus prétendument inférieurs, ils en arrivent à se surestimer. Cela revient à décréter que Saturne est une planète bien plus intéressante que Mars parce qu'elle possède des anneaux.

Qu'importe si on essaie de vous persuader du contraire : il n'existe pas d'échelle précise pour déterminer la valeur de l'homme. Ne vous fiez pas aux décisions arbitraires imaginées par des gens tourmentés. La valeur humaine échappe à toute mesure. C'est un capital reçu dès la naissance que nous conserverons toute notre vie. Chaque fois que vous êtes en présence de quelqu'un qui veut briller à vos dépens, souvenez-vous de ceci : nul ne peut vous rabaisser malgré vous.

En m'épargnant,
je peux m'éviter beaucoup
de souffrances.

25

Évitez de vous causer des souffrances inutiles

Voici une anecdote qui illustre assez bien la manière dont fonctionnent nos émotions négatives. Un homme regarde un petit garçon en train de se frapper le pouce avec un marteau. Au bout d'un certain temps, intrigué par le manège, l'adulte dit à l'enfant : « Stop ! Ça doit te faire très mal ? » Et le petit de répondre : « Ça me fait tellement de bien quand j'arrête. »

En dépit de son humour discutable, cette histoire souligne un fait important : de même que le petit garçon se martyrise avec le marteau, nous nous infligeons des souffrances au travers de nos émotions. Nous croyons que ce sont là des réflexes automatiques : quelque chose se produit et va entraîner une réaction de notre part. Mais ce n'est pas aussi simple que cela : il s'agit avant tout d'un processus intérieur. Lorsqu'un événement survient, c'est *vous* qui décidez s'il vous affecte ou non, et encore *vous* qui vous débattez avec ses conséquences.

En n'admettant pas que vous êtes à l'origine de vos tourments, vous en rejetez la responsabilité sur des causes extérieures et vous vous posez en victime – ce qui ne résout rien. En revanche, si vous acceptez d'être responsable de vos réactions, vous gagnerez un pouvoir considérable : vous découvrirez que votre état d'esprit ne dépend que de vous.

Je reste digne d'intérêt,
même si je fais des erreurs.

26

Cessez de vous identifier à vos actes

Vous n'êtes pas quelqu'un de mauvais parce que vous avez commis une bévue, mais simplement un être humain qui, à certain moment, a pris une décision malencontreuse.

Cela amène à poser la question de la justification. Pourquoi nous conduisons-nous de la sorte ? Il nous arrive d'agir de manière impulsive sans nous préoccuper des conséquences de nos actes. Parfois, nos motivations ne nous apparaissent pas clairement, et nous agissons sans trop savoir et comprendre pourquoi. Bien sûr, la plupart de ces maladresses nous paraissent sensées sur le moment ; il nous semble même que c'est la meilleure option. C'est après coup que nous découvrons notre méprise.

Gardez bien ceci en mémoire : vos actions sont sans relation aucune avec votre mérite et votre valeur en tant que personne ; il ne faut pas confondre *ce que vous faites* avec *ce que vous êtes*. Éviter les erreurs ne vous rend pas meilleur et, inversement, en les commettant, vous ne devenez pas mauvais.

Je prends beaucoup plus
de bonnes décisions
que de mauvaises.

27

Accordez de l'importance à vos décisions judicieuses

Au lieu de vous laisser submerger par vos fautes, songez plutôt au nombre d'excellentes options que vous avez prises tout au long de votre vie. Félicitez-vous de vos succès antérieurs et mettez en valeur vos sages décisions.

Chaque jour amène des milliers de situations faisant appel à votre discernement. Devant tant d'occasions de méprises, il est insensé d'espérer que tous vos choix seront parfaits.

En réalité, vous avez bien plus souvent raison que tort. Comparée aux nombreuses résolutions judicieuses et essentielles que vous prenez chaque jour, la proportion de vos erreurs est remarquablement faible.

L'approbation dont j'ai
le plus besoin, c'est la mienne
et non celle des autres.

28

DONNEZ LA PRIORITÉ À L'OPINION QUE VOUS AVEZ DE VOUS-MÊME

Si vous pensez que l'opinion des autres à votre égard est primordiale, c'est que vous recherchez probablement leur approbation en toutes circonstances.

Lorsque vous accordez trop d'importance à l'avis des gens, vous leur permettez d'influer sur vos propres sentiments. Si votre état d'esprit dépend de leur aval, vous souffrirez dès qu'ils vous le retireront. En espérant des louanges, vous devenez vulnérable aux critiques.

Bien sûr, lorsqu'il s'agit de survie, le jugement positif d'autrui est essentiel. En revanche, s'il a pour seul objet de vous faire vous sentir mieux dans votre peau, il est dénué d'intérêt. Vous vous épargnerez une énorme charge émotionnelle quand vous aurez véritablement compris que la seule appréciation qui compte à votre endroit est la vôtre.

Ma santé relève
essentiellement
de ma responsabilité.

29

Prenez votre santé en main

Que faire pour prendre votre santé en main ? Des milliers de choses. Il existe pléthore d'ouvrages pratiques traitant de la santé et de la nutrition qui vous aideront à identifier, prévenir ou corriger des ennuis physiques. D'innombrables cours, cassettes vidéo et films vous enseigneront comment atteindre et maintenir une forme optimale. Sans oublier les principes de base d'une bonne hygiène de vie : ne pas fumer, s'alimenter sainement, se reposer suffisamment et faire régulièrement de l'exercice.

Vous n'êtes pas convaincu de la nécessité de veiller vous-même à l'entretien de votre organisme ? Voici quatre bonnes raisons qui devraient vous faire prendre conscience que votre santé relève essentiellement de *votre* responsabilité.

Premièrement, les médecins passent la plupart de leur temps à réparer les dégâts que nous avons causés et, par conséquent, ne peuvent plus se consacrer à la prévention.

Deuxièmement, c'est vous qui avez le plus à perdre.

Troisièmement, vous êtes seul en position de contrôler votre santé et avoir conscience de tous les petits détails susceptibles de l'altérer.

Quatrièmement, en prenant une part active au maintien de votre forme, vous gagnez obligatoirement plus de contrôle sur votre vie et, ce faisant, renforcez votre estime de vous-même.

J'ai tout avantage à accepter
la critique avec sérénité
et ouverture d'esprit.

30

GARDEZ LE SOURIRE QUAND ON VOUS CRITIQUE

Votre manière de réagir à la critique des autres indique assez clairement l'état de votre propre estime. Lorsque nous ne nous apprécions pas suffisamment, nous interprétons souvent les observations négatives d'autrui comme des attaques personnelles quand nous ne les tenons pas pour l'expression d'une désapprobation de ce que nous sommes en tant qu'individu.

Si quelqu'un vous critique, rappelez-vous ceci :

1) Une critique peut être riche d'enseignements, et si vous êtes en train de mal agir, il est dans votre intérêt de le savoir.

2) Une critique de ce que vous *faites* n'est pas un jugement de ce que vous *êtes*.

3) Même si certaines personnes veulent que vous preniez leurs remarques comme une attaque personnelle, pourquoi récompenser leurs efforts en entrant dans leur jeu ?

En changeant simplement
mon attitude, je peux éliminer
beaucoup de petits problèmes
de ma vie.

31

SACHEZ VOUS ADAPTER

Nous pensons que la vie serait plus belle si seulement les gens voulaient modifier leur comportement et se conformer à nos désirs. Mais en dépit de nos suppliques, revendications ou menaces, la plupart des individus refusent catégoriquement de se métamorphoser pour nos beaux yeux. À moins d'en tirer un bénéfice substantiel, ceux qui *changent* réellement le font de manière très éphémère.

Ainsi apprenons-nous l'une des règles immuables de la vie : plutôt que de perdre du temps à essayer de contraindre les gens à agir comme vous le souhaitez, il est plus simple, réaliste et durable d'ajuster simplement vos attentes.

J'ai tout intérêt à agir
selon mes décisions.

32

Forgez-vous votre opinion et prenez vos décisions

Beaucoup de gens sont toujours prêts à vous faire des suggestions gratuites ou à prendre des décisions à votre place. Malgré un manque manifeste de réussite dans leur propre vie, certains individus se sentent qualifiés pour vous prodiguer des conseils sur la vôtre. Et même si vos soi-disant conseilleurs sont couronnés de succès et heureux, à bien des égards, il n'est pas bon de suivre leurs avis.

Étant donné qu'une personne, si proche soit-elle de vous, ne peut vous connaître aussi bien que vous-même, les solutions qu'elle vous propose ne correspondront pas tout à fait à vos propres besoins.

D'autre part, quand les autres prennent une décision à votre place, il s'avère qu'ils voient souvent les choses à *leur* manière, qui peut être complètement différente de la *vôtre*.

Enfin, ultime raison incontestable de faire la sourde oreille : si vous permettez aux autres de décider pour vous, vous n'apprendrez jamais à le faire par vous-même.

Bien sûr, il n'est pas interdit d'écouter les conseils. Puisque, en définitive, vous êtes seul à devoir assumer les conséquences de vos actes, agissez par vous-même. Même si vos décisions ne sont pas toujours idéales, il est préférable de commettre des erreurs et d'en tirer les leçons plutôt que de vous fier continuellement au jugement d'autrui.

J'ai le droit de reconnaître
que j'ai bien fait.

33

Acceptez les compliments de bonne grâce

Ce n'est pas la modestie qui vous incite à repousser des compliments, mais une gêne qui reflète un déficit d'estime de soi. Dans notre enfance, on nous a appris qu'il était malséant de dire du bien de soi, qu'on s'exposait à passer pour vaniteux si l'on faisait étalage de nos atouts. Conséquence : nous avons tendance à nous troubler quand on nous adresse des félicitations. Il est temps, à présent, de réviser notre attitude.

Il n'y a pas de mal à reconnaître que vous avez fait du bon travail. Quand les gens saluent vos efforts, ne dites pas : « C'est vrai, j'ai été formidable. » Acceptez simplement leurs compliments de bonne grâce. N'essayez pas de minimiser vos capacités ou vos compétences en disant : « Oh, ce n'était pas grand-chose » ou « J'aurais pu mieux faire ». Refuser les louanges de ceux qui vous les adressent équivaut à leur dire qu'ils sont stupides ou qu'ils manquent de discernement.

La prochaine fois que quelqu'un vous prodigue des compliments sans compter, soyez comme lui, généreux, et acceptez-les en disant tout simplement « Merci ». Vous le méritez certainement.

Mes opinions sont aussi importantes que celles des autres.

34

Accordez de l'importance à vos idées

Lorsque vous n'êtes pas en situation conflictuelle, dites ce que vous pensez *vraiment* au lieu d'exprimer ce que l'on voudrait vous entendre dire. Cela n'implique pas pour autant que vous deviez sciemment tenir des propos peu flatteurs ou peu aimables à l'égard des autres. Mais cela *signifie* que votre opinion est au moins aussi valable que celle de quiconque.

Qu'importe si les autres ne sont pas d'accord avec vous. Même si vos idées sont différentes ou en opposition avec la plupart des gens, cela ne réduit pas leur poids ou votre droit de les faire connaître.

Dès que vous vous sentez enclin à abonder dans le sens de quelqu'un simplement pour lui être agréable, arrêtez. Non seulement vous vous sentirez malhonnête, mais en reniant vos convictions et vos idéaux, vous ne gagnerez pas de vrais amis. Lorsque vous êtes vraiment en désaccord avec un interlocuteur, *dites-le-lui.*

Plus je fais les choses
par moi-même,
plus je contrôle ma vie.

35

Apprenez à accomplir vous-même les tâches que vous confiez aux autres

Ajoutez une corde à votre arc. Cela n'implique pas la conception d'un projet majeur, comme celui de réorganiser une maison. Cela peut être aussi simple qu'apprendre à changer un pneu, se faire les ongles, tenir ses comptes ou même préparer des œufs brouillés.

Le propos n'est pas d'économiser de l'argent (bien qu'il puisse s'agir d'une motivation courante) mais de devenir indépendant. Une fois conquise une nouvelle aptitude, dès qu'un problème se présente et que vous ne trouvez personne pour le résoudre, prenez les rênes et agissez. Ainsi, vous cesserez de vous percevoir comme une victime.

La connaissance acquise par l'expérience pratique exalte considérablement l'appréciation de vos compétences et capacités personnelles. De plus, elle contribue directement à vous faire prendre conscience que vous contrôlez votre vie.

Je suis toujours le même,
que je gagne
ou que je perde.

36

Ne prenez aucune sorte de compétition trop au sérieux

On dit que la compétition forge le caractère et donne confiance en soi. En réalité, cette assertion ne se vérifie pas dans les faits. Le plus souvent, c'est l'inverse qui se produit : les situations de rivalité entraînent un sentiment d'infériorité et de perte d'assurance.

Comment peut-il en être autrement, puisque dans toutes les confrontations, il y a plus de perdants que de gagnants ? D'autre part, toute activité susceptible d'entraîner chez la majorité un sentiment d'infériorité, est forcément très préjudiciable.

Le danger réel dans la compétition est que beaucoup d'entre nous font une corrélation entre leur valeur personnelle et le résultat, en cas de victoire ou de défaite. Battus – éventualité la plus fréquente –, non seulement nous ne nous sentons pas mieux mais encore plus mal ! Nous sommes marqués par une deuxième, troisième ou quatrième place au classement et nous nous considérons comme des losers.

Sauf si gagner vous procure une récompense hautement gratifiante, le mieux est d'éviter toute rivalité. Si vous entrez en concurrence pour autre chose que le plaisir de jouer, vous passerez à côté des petites satisfactions que la compétition peut effectivement procurer.

L'État défendra mieux
mes intérêts si je participe
à ses institutions.

37

PARTICIPEZ À LA VIE POLITIQUE

Prenez une part active dans la vie politique de votre pays, à échelle locale, régionale ou nationale. C'est un excellent moyen d'atténuer l'impression d'être une victime du système et d'augmenter votre assurance. Voici quelques-unes des nombreuses choses que vous pouvez faire :

– Contactez vos élus ; faites-leur part de vos préoccupations et faites-leur savoir ce que vous attendez d'eux.

– Parlez aux candidats qui se présentent aux élections ; demandez-leur de se prononcer sur des sujets qui vous touchent.

– Inscrivez-vous à un parti ; influez sur la modification des lois et les décisions politiques que vous désapprouvez.

– Briguez un mandat ; si vous vous jugez capable de mieux faire que les gens en place, vous pourriez très bien réussir.

– Votez ; étudiez les problèmes et les personnalités engagées dans les prochaines élections, faites-vous votre idée et optez en conséquence dans l'isoloir.

Le monde se porterait mieux si tous les élus étaient intelligents, honnêtes, et possédaient une certaine éthique. Puisque ce n'est pas le cas, nous devons nous investir dans les instances politiques afin que nos souhaits soient pris en considération. En restant indifférents aux décisions gouvernementales, nous pourrions un beau matin nous réveiller et constater qu'un certain nombre de nos libertés acquises ont été abolies en toute légalité.

Charité bien ordonnée
commence par soi-même.

38

VOS BESOINS PERSONNELS SONT LES PLUS IMPORTANTS

Ne vous érigez pas en martyr. Certains idéalistes essayent de nous convaincre d'aider notre prochain à notre propre détriment. Un tel sacrifice paraît très noble, mais il implique que les autres et leurs besoins priment sur vous, ce qui est une aberration.

De quelque façon que vous regardiez les choses, il est impossible qu'une personne soit plus importante que vous, parce qu'il n'existe pas d'échelle d'évaluation permettant de mesurer la valeur humaine. Chaque être compte autant que son voisin et il en va de même de nos besoins.

Je suis ni plus ni moins
important que les autres.

39

AYEZ UNE VISION JUSTE DES AUTRES

Nous sommes pétris de contradictions. Nous nous mettons dans la tête que certaines personnes sont importantes parce qu'elles sont en bonne santé, titrées, diplômées ou qu'elles ont quelque chose de particulier. Ce faisant, nous les élevons au rang de V.I.P. et nous nous lamentons en pensant qu'elles nous regardent de haut ! C'est comme si on se plaignait d'être trempé sous une douche.

La solution à ce problème est simple : il suffit de ne pas se rabaisser. Puisque c'est vous qui avez décrété que ces individus évoluaient dans des sphères transcendantes, redonnez-leur une dimension humaine. Songez que tout ce qui les *différencie* de vous, ne les rend pas pour autant *meilleurs*. Les gens, au bout du compte, restent des gens.

La culpabilité
n'est pas une alliée :
c'est mon ennemie.

40

DITES « NON » À LA CULPABILITÉ

La culpabilité est une émotion toxique et nuisible parce qu'elle accentue vos erreurs plutôt que vos réussites. Pire encore, elle vous fait renier à tort votre sens inné des valeurs.

La culpabilité n'est pas une émotion naturelle, dans le sens où nous ne sommes pas nés avec la capacité de la ressentir. Enfants, nous l'avons découverte au travers des adultes qui y recouraient pour nous forcer à agir à leur guise. En nous encourageant à associer la notion de culpabilité et de honte à une conduite qu'ils désapprouvaient, ils essayaient de s'assurer que nous nous plierions toujours à leurs exigences.

Du fait de cette habitude, parvenus à notre tour à l'âge adulte, nous nous sentons très souvent coupables, même si nous n'avons rien fait de répréhensible. Si nous y réfléchissons, nous nous rendons compte que les facteurs déclenchant notre culpabilité découlent simplement des préférences et particularités de ceux qui nous ont inculqué cette notion.

Est-elle utile ? C'est vrai qu'elle peut nous amener à ne pas répéter certaines erreurs. Mais des regrets sincères donnent le même résultat – et ont l'avantage de nous éviter l'abattement émotionnel.

En définitive, la culpabilité ne sert à rien. Bannissez-la à tout jamais.

Je suis important parce que j'existe et non pour ce que je fais ou que je possède.

41

PENSEZ QUE VOUS ÊTES QUELQU'UN D'ESTIMABLE

Ne faites pas l'erreur de croire que votre valeur en tant qu'être humain a une relation quelconque avec votre santé, votre intelligence ou vos succès. Vos biens ou votre profession influera certes sur vos revenus, mais n'a aucun rapport avec votre qualité en tant qu'individu.

Vous n'avez rien de spécial à faire pour acquérir un maximum de valeur. Elle est déjà vôtre du fait même de votre naissance. Et rien ne peut augmenter ou diminuer ce capital intrinsèque.

Il est normal de me pardonner
mes erreurs parce que
je n'en fais aucune
intentionnellement.

42

PARDONNEZ-VOUS TOUTES VOS FAUTES

Pourquoi prenons-nous nos erreurs tellement au sérieux ? Parce que nous avons pris l'habitude de nous blâmer. À tel point que nous en arrivons à nous reprocher des choses que nous n'aurions pu éviter, voire des problèmes dont nous ne sommes pas responsable.

Oui, c'est vrai, vous commettez des bévues, et alors ? Pourquoi vous condamner d'être comme tout le monde ? Personne ne devient jamais assez avisé pour tout réaliser à la perfection. Parfois, on se fourvoie parce qu'il nous manque des éléments de réponse.

Comme on dit à juste titre : « Comprendre c'est pardonner. » Quand vous vous êtes bien expliqué pourquoi vous commettez des erreurs, vous n'avez plus aucune raison de vous les reprocher. Vous prenez alors conscience que vous avez *toujours* pris la meilleure décision possible en fonction des données dont vous disposiez à ce moment-là. C'est tout ce que chacun d'entre nous peut faire.

J'ai toujours avantage à
interpréter de manière positive
les événements.

43

INTERPRÉTEZ CHAQUE ÉVÉNEMENT DE MANIÈRE POSITIVE

En grandissant, nous nous faisons une idée précise de ce qui est bon ou mauvais. Force est de constater qu'un individu issu d'une autre famille ou culture, avec différentes croyances et traditions, des codes sociaux et moraux particuliers, disposera d'une grille de lecture sur le monde différente de la vôtre.

À partir de là, il apparaît clairement que toutes les situations sont par définition neutres : ni bonnes ni mauvaises. Si certaines peuvent *sembler* positives ou négatives, c'est seulement parce que nous avons choisi de les considérer de cette façon.

Si nous jugeons que certaines choses sont nuisibles ou désagréables, nous cherchons des raisons pour étayer cette conviction. Si, de même, nous les considérons comme bénéfiques, nous réunissons des arguments pour corroborer cette opinion. Dans les deux cas, nous pouvons prouver que notre idée est la bonne, et nous récoltons ce que nous semons.

C'est pourquoi il est primordial de réviser l'interprétation des circonstances qui vous affectent habituellement. En choisissant le bon côté des choses, vous laissez derrière vous la « victime » et contrôlez sereinement la situation.

Nourrir des sentiments négatifs
envers les gens est plus
préjudiciable pour moi
que pour eux.

44

Chassez tout mauvais sentiment que vous éprouvez envers les autres

Quand survient un différend ou que nous avons l'impression d'avoir été traité de manière injuste, nous avons tendance à en vouloir beaucoup à ceux que nous tenons pour responsables. Nous estimons avoir raison et gardons une dent contre eux.

Mais finalement, la rancune nuit plus à celui qui l'entretient qu'à celui qui en est l'objet. En refusant de pardonner, les sentiments négatifs que vous ressassez ont un effet délétère sur votre santé et votre caractère. Et puis, vous enclenchez à votre insu un cercle infernal : en ruminant ces malheureux incidents du passé, vous vous exposez davantage à des situations désagréables.

Bien sûr, sauf si vous y êtes forcé pour des raisons pratiques, rien ne vous oblige à être amical avec les personnes qui vous ont contrarié ou porté préjudice. Mais en refusant de les absoudre de leurs torts et d'oublier, vous désavouez votre force et votre tolérance, augmentez votre sentiment d'impuissance et renforcez l'idée que vous êtes la victime au lieu d'être le maître de la situation.

Je détiens le pouvoir d'éliminer
beaucoup de problèmes
de ma vie.

45

Apprenez à résoudre vos problèmes

Chaque fois que vous êtes confronté à un problème, demandez-vous : à quel moment dans le passé aurais-je pu prendre une décision me permettant de l'éviter ? En d'autres termes, quelle autre attitude aurait-il fallu adopter pour le prévenir ?

Cet exercice n'est pas destiné à vous culpabiliser, mais à vous permettre de prendre conscience que vous possédez le pouvoir d'échapper à quantité de difficultés. En retraçant l'historique de vos déboires, vous découvrirez de nombreuses occasions, où, par d'autres manières d'agir, vous auriez pu vous épargner des situations désagréables.

Cette idée peut paraître difficile à accepter si vous avez l'habitude d'imputer vos tracas à des causes extérieures. Mais si vous admettez être à l'origine de beaucoup de vos soucis, alors, dans l'avenir, vous les verrez se raréfier.

À partir du moment où
je respecte les droits des autres,
je peux vivre comme
bon me semble.

46

Défendez vos intérêts

Au cas où vous n'en auriez pas encore fait l'expérience, apprenez que vous trouverez toujours des gens croyant savoir ce qui est le mieux pour les autres. Persuadés d'être plus intelligents, plus intègres, plus avertis, ils considèrent leurs avis, en ce qui vous concerne, plus éclairés que les vôtres.

Vous pouvez rencontrer ce genre d'individus dans toutes sortes de domaines. S'ils sont impliqués dans les organes politiques de votre pays, ils tenteront de faire prévaloir leurs opinions personnelles et leurs principes, bien souvent à mille lieues des vôtres.

Ils ne se préoccupent pas de savoir si certaines de leurs idées vous dérangent ou vous déplaisent, voire si elles peuvent porter atteinte à vos droits individuels. Leur seul réel souci est de promouvoir leurs intérêts personnels.

En raison de leur ego surdimensionné, ils négligent une notion capitale : le droit de vivre comme bon vous semble dans la mesure où vous n'empiétez pas sur celui des autres. De plus, vos faits et gestes ne regardent que vous-même.

Ceux qui s'attribuent le privilège de vous dicter votre manière de vivre sont très malavisés, mais vous le seriez encore plus si vous les laissiez faire.

C'est sur moi que je dois
d'abord compter et non pas
sur les autres.

47

FIEZ-VOUS LE PLUS POSSIBLE À VOUS-MÊME

Bien que, à certains moments, vous soyez obligé de vous fier aux autres, d'une manière générale, c'est sur vous que vous devez compter le plus. En permettant aux gens d'accomplir des choses à votre place, non seulement vous demeurez dépendant, mais vous risquez d'amères déceptions.

D'une certaine façon, fortifier votre confiance en vous entraîne souvent de meilleures relations avec les membres de votre entourage, dans la mesure où vous êtes libre de les accepter pour ce qu'ils sont et non par intérêt personnel.

J'accepte chacune de mes
pensées comme une expression
légitime d'une partie
de moi-même.

48

CONSIDÉREZ TOUTES VOS PENSÉES COMME ACCEPTABLES

Nous avons pris l'habitude de juger certaines de nos pensées mauvaises et offensantes au point d'en ressentir honte et embarras. Nous en concevons d'autres qui nous culpabilisent par la cruauté, la mesquinerie ou l'irrévérence qu'elles semblent refléter. Nous nous comportons comme si nous avions une double personnalité, avec un Bon Moi dont le rôle est de contenir le Mauvais Moi quand il dépasse les bornes.

Mais ne vous tancez pas pour chacune de vos pensées. Toutes sont légitimes et ont leur raison d'être. Elles découlent de votre hérédité, de votre culture, de votre expérience et de quantité d'autres facteurs. Par ailleurs, le seul fait de justifier vos réflexions ne vous rend pas libre pour autant de passer à l'acte. Cela signifie que vous ne devriez pas vous condamner pour avoir formulé mentalement certains jugements – qu'importe le dégoût qu'ils vous inspirent a posteriori.

En réalité, nous avons tous une sorte de « déchetterie » dans la tête. Malheureusement pour eux, beaucoup de gens essayent de rejeter les idées qui en émanent. Or, il n'est pas sage de les renier : ce n'est pas en décrétant qu'une chose n'existe pas qu'elle disparaît.

Le plus raisonnable est d'admettre que vos pensées vous appartiennent. Alors, avec sérénité, exposez-les à la lumière purifiante du jour.

En acceptant d'être responsable
de ma vie, je peux mieux
la contrôler.

49

ACCEPTEZ L'ENTIÈRE RESPONSABILITÉ DE TOUT CE QUI VOUS ARRIVE

Ne vous en prenez pas à Dieu, à la fatalité ou à quiconque quand les choses ne se passent pas comme vous l'auriez souhaité. En intégrant cela, vous verrez votre vie et vos relations s'améliorer considérablement car, d'une manière ou d'une autre, une grande partie de ce qui vous arrive résulte de vos actes ou, au contraire, de votre manque d'initiative.

De prime abord, cela semble difficile, parce que cela vous oblige à assumer de nombreuses responsabilités. Mais dès que vous aurez complètement accepté cette idée, vous prendrez conscience que vous maîtrisez bien plus votre vie que vous ne vous le figuriez.

Les autres sont responsables
de leurs émotions comme
je le suis des miennes.

50

Ne reconnaissez vos torts que lorsque cela se justifie

En grandissant, la plupart d'entre nous avons appris que nous pouvions blesser les autres. Et comme il nous arrivait de constater que les gens se sentaient offensés par certaines de nos paroles ou de nos actes, nous en avons déduit que c'était vrai. Aujourd'hui encore, nous payons chèrement le prix de cette erreur.

Certaines personnes prennent ombrage de nos faits et gestes. Il ne s'agit pas là d'une réaction automatique, instinctive : elle résulte de leurs choix ou de leurs habitudes. Si nos actes avaient vraiment le pouvoir terrifiant de rendre autrui malheureux, alors ils devraient avoir les mêmes répercussions sur tout le monde – pas seulement sur quelques-uns. Or, ce n'est pas le cas.

À moins de vouloir délibérément fâcher ou contrarier votre prochain, vous ne devez pas vous sentir obligé de vous blâmer pour les réactions d'autrui. Il est déjà suffisamment difficile de gérer ses propres émotions sans avoir à y ajouter le fardeau de vos semblables.

Il est important de vivre
comme je le désire, et non
selon le choix des autres.

51

DEMANDEZ-VOUS SI VOUS VIVEZ PAR PROCURATION

Inconsciemment, nous sommes souvent victimes des attentes des autres, ce qui nous conduit à consacrer beaucoup de temps à des tâches désagréables. Trop absorbés par nos activités pour nous en rendre compte, nous persistons dans notre attitude sans nous poser de questions.

Dès maintenant, prenez une demi-heure par semaine pour faire le point. Votre emploi vous plaît-il vraiment ou est-ce celui qu'un autre a choisi pour vous ? Passez-vous vos loisirs à vous faire plaisir ou dans des activités qui vous ennuient à mourir ? En bref, vivez-vous à votre gré ou à celui des autres ?

Peu de gens parviennent à mener une existence entièrement conforme à leurs choix. Des considérations financières ou familiales rendent cela impossible. Mais si vous constatez que vous fonctionnez selon les desiderata des autres, alors il est grand temps de vous employer à réaliser vos propres rêves.

À ne dire ou ne penser
que du bien d'autrui,
j'en suis le premier
bénéficiaire.

52

DITES OU PENSEZ DU BIEN DES AUTRES

Bien que dénigrer nos semblables puisse nous procurer un certain amusement ou un sentiment passager de supériorité, c'est un dangereux passe-temps. Autant que les jérémiades, les critiques se muent aisément en habitude : fâcheuse tendance qui éloigne les amis et crée des ennemis.

Si vous vous appesantissez sur les défauts de votre entourage, les médisances finiront par occuper le plus clair de votre temps. Vous serez continuellement à la recherche de victimes, et à défaut de bête noire, c'est sur *vous* que vous vous rabattrez. Au bout du compte, même si vous commencez par diriger vos critiques sur les autres, vous finirez par porter des jugements sévères sur vous-même et devenir votre pire ennemi.

À PROPOS DE L'AUTEUR

Musicien accompli, Jerry Minchinton a vécu de son art durant de nombreuses années avant de créer une entreprise de traitement de courrier. Après avoir dirigé cette firme pendant douze ans avec succès, il en quitta la direction pour consacrer plus de temps à l'étude de l'estime de soi.

Ce sujet commença à l'intéresser lorsqu'il décida, avec ses collaborateurs, de s'en servir comme base dans les tests d'embauche. Alors qu'il préparait les questionnaires, au cours de ses recherches, il constata une amélioration notable de sa propre valeur. Il acquit ainsi la conviction qu'avoir une bonne estime de soi était essentielle et qu'y parvenir était d'une grande simplicité.

Titulaire d'une maîtrise en sciences humaines de l'Eastern Washington University et d'un doctorat obtenu à l'université de Floride, Jerry est membre de l'association MENSA[1] aux États-Unis. Ses ouvrages ont été traduits dans de nombreuses langues et vendus à travers le monde entier.

---

1. Mensa est une association internationale ayant pour but de favoriser les contacts entre personnes ayant un QI supérieur à 132 (Stanford-Binet). *(N.D.T.)*

Remerciements

De nombreuses influences positives m'ont inspiré l'écriture de ce livre, notamment les ouvrages du psychologue Albert Ellis, les philosophies et les écoles de pensée qui incitent à regarder le monde à travers le prisme de la réalité.

Une aide plus immédiate m'a été procurée par le soutien de trois personnes attentives qui sont aussi d'estimables amis. Clif Bradley, un collègue de longue date, a lu, relu et commenté tous mes brouillons avec une patience extraordinaire. Stacy Gilbert, avec sa perspicacité et son intelligence, a fait montre d'une grande générosité en m'apportant son immense connaissance de la culture contemporaine. Toute ma reconnaissance va à Jean Names, qui, en plus d'être un puits de sagesse et d'encouragements, possède l'immense talent de voir en vous plus que vous n'y voyez vous-même. Merci à tous d'être de si merveilleux amis.

J'exprime toute ma gratitude à Suzanne Sutherland, de l'université « Moutain Home Campus » de l'État d'Arkansas, pour son aide et dont la lecture attentive a grandement contribué à la clarté de ce livre.

TABLE DES MATIÈRES

Composition PCA
44400 – Rezé
Impression réalisée par Dumas-Titoulet Imprimeurs
pour le compte des Éditions Michel Lafon

Imprimé en France
Dépôt légal : février 2002
Imprimeur n° 36980
ISBN : 2-84098-785-6
LAF 299